MOBILIER

ANCIEN ET MODERNE

Collection

DE

TABLEAUX ET AQUARELLES

PROVENANT DU

CHATEAU DE SAINT-LYE

Exposition

Le Dimanche 1er Décembre 1889

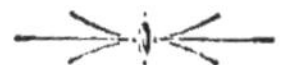

COMMISSAIRE-PRISEUR :	EXPERT :
Me GAUTHIER	M. B. LASQUIN
Rue Boulainvilliers, 25	*Rue Laffitte, 12*

PARIS — 1889

IMPRIMERIE MAULDE ET RENOU

A. MAULDE & Cie

IMPRIMEURS DE LA COMPAGNIE DES COMMISSAIRES-PRISEURS

Rue de Rivoli, 144. — Paris

CATALOGUE

DU

MOBILIER

ANCIEN & MODERNE

ET DE LA COLLECTION

DE

TABLEAUX & AQUARELLES

QUI GARNISSAIENT

Le Château de Saint-Lyé

ET DONT LA VENTE AURA LIEU

HOTEL DROUOT, SALLE N° 2

Les Lundi 2, Mardi 3 et Mercredi 4 Décembre 1889

et Salle n° 10, le Jeudi 5 Décembre

A DEUX HEURES

Par le ministère de Me **GAUTHIER**, Commissaire-Priseur,
rue Boulainvilliers, 25,

Assisté de **M. B. LASQUIN**, Expert, rue Laffitte, 12

CHEZ LESQUELS SE TROUVE LE PRÉSENT CATALOGUE

EXPOSITION PUBLIQUE

Le Dimanche 1er Décembre 1889, de 1 h. 1/2 à 5 h. 1/2.

PARIS — 1889

CONDITIONS DE LA VENTE

Elle sera faite au comptant.

Les Acquéreurs paieront CINQ POUR CENT en sus du prix d'adjudication, applicables aux frais.

ORDRE DES VACATIONS

Le Lundi 2 Décembre

Les Aquarelles et Tableaux

Le Mardi 3 Décembre

Les Gravures, Bronzes et Meubles

Le Mercredi 4 Décembre

La suite des Meubles, Literie, Rideaux et Tapis

Le Jeudi 5 Décembre, Salle n° 10

Les Vins fins

DÉSIGNATION

TABLEAUX MODERNES

BÉNARD

1 — La Charrette.

BOMBLED

2 — Le Rendez-Vous de chasse.

BOMBLED

3 — Cavalier et Amazone sous bois.

BOMBLED

4 — Deux Griffons.

BOMBLED

5 — Portrait d'un Chien havanais.

BOUCHEZ (Ch.), 1848

6 — Un Reitre sous Louis XIII.

BRAEKELEER (Adrien de), 1887

7 — La Lecture de la gazette.

Bois : H. 0m30 ; L. 0m35.

BULHOYE

8 — Entrée de Port.

COURT

9 — Jenny l'ouvrière.

Elle travaille à la couture, assise près de sa fenêtre, par laquelle on aperçoit les Quais et le Palais de Justice.

Toile : H. 1m31 ; L. 0m98.

COURT

10 — Jeune Femme accoudée à une fenêtre.

Toile : H. 0m92 ; L. 0m75.

COURT

11 — Portrait d'une Senora.

Toile : H. 0m76 ; L. 0m65.

DAUDET (Berthe)

12 — Scène espagnole.

DELPY (H.-C.)

13 — Portrait d'un Griffon.

DIAZ ~~(Attribué à~~

14 — Jeune Femme en buste.

En corsage de velours noir, chevelure blonde retombant sur les épaules.

Toile : H. 0m56 ; L. 0m46.

EHNLE (A. J.), 1842

15 — Le Portrait ressemblant.

ÉCOLE HOLLANDAISE MODERNE

16 — Flotille en mer.

Un bateau à voiles et une barque chargée de passagers s'approchent d'un brick de guerre, plus loin, un vaisseau salue d'un coup de canon.

Bois : H. 0m57 ; L. 0m72.

ÉCOLE MODERNE

17 — Le Pêcheur à la ligne.

ÉCOLE MODERNE

18 — Singe et Perroquet sur un perchoir

Cadre ancien.

FORT (Théodore)

19 — Deux Chevaux à l'écurie.

Bois : H. 0m15; L. 0m22.

GEMPT (B.), 1858

20 — Cheval noir harnaché.

Toile : H. 0m56; L. 0m77.

GEMPT (B.)

21 — Volailles, Chien et Chat et divers ustensiles dans un cellier.

Toile : H. 0m68; L. 1m.

GEMPT

22 — Chiens.

Bois : H. 0m15; L. 0m21.

GÉRICAULT (Genre de)

23 — Cheval à l'écurie.

GUDIN (H.)

24 — Marine.

HÉBERT (Genre de)

25 — Italienne en buste.

Toile : H. 0m54; L. 0m46.

J. R.

26 — Bateau de pêche échoué sur la plage.

Toile : H. 0^m39 ; L. 0^m57.

JONGKIND

27 — Bateau à voiles sur une rivière.

Bois : H. 0^m17 ; L. 0^m17.

KATE (Herman ten), 1863

28 — Épisode de la guerre de l'Indépendance des Pays-Bas.

Un forgeron défend sa famille et son intérieur contre l'attaque des hommes d'armes, plusieurs blessés sont étendus à terre.

Tableau important, ayant figuré à l'Exposition internationale de Vienne.

Bois : H. 0^m83 ; L. 1^m18.

KATE (Mari ten), 1843

29 — La Gardeuse de moutons.

Debout près d'une source coulant au pied d'un grand chêne, une jeune villageoise garde un petit troupeau de moutons.

Toile : H. 0^m65 ; L. 0^m90.

KOEKKOEK (B.-C.), 1837

30 — Paysage.

Un petit troupeau de bestiaux près d'une chaumière abritée par de grands arbres.

Toile : H. 0^m40 ; L. 0^m55.

KUWASSEG (?)

31 — Vue de Ville.

Toile : H. 0m84; L. 1m24.

LAMI (Eugène)

32 — Cavaliers Louis XV sous bois.

Toile : H. 0m25; L. 0m33.

LEICKERT (Charles), 1870

33 — Patineurs sur une rivière glacée.

A gauche, la tour en briques d'un château en ruine et des cabanes.

Le ciel nuageux est percé par de faibles rayons de soleil.

Toile : H. 0m94; L. 1m14.

LEICKERT (Ch.)

34 — Paysage maritime.

Bateaux de pêche à l'embouchure d'une rivière

Toile : H. 0m40; L. 0m58.

LEICKERT (Ch.)

35.— Le Passage du bac.

Toile : H. 0m40; L 0m58.

MONET (Alexandrine), 1852

36 — Raisin. Orange, Citron et Perdrix sur une table.

Toile : H. 0m46; L. 0m55.

NIOAC (Cecilia de)

37 — La Tricoteuse.

OYENS (David)

38 — La Collation.

Trois figures dans un intérieur.

Bois : H. 0m34; L. 0m27.

OSORIO (Luis)

39 — Portrait d'un Espagnol.

Toile : H. 0m98; L. 0m80.

RIÉGEN (N.), 1867

40 — Bateau à vapeur sur une rivière.

RIÉGEN (N.), 1868

41 — Paquebot en mer accosté par une barque.

RIÉGEN (Ch.

42 — Bateaux de pêche rentrant au port.

SHEERBOOM (And.), 1871

43 — Intérieur Louis XIII.

Huit gentilshommes sont groupés dans un riche intérieur Louis XIII, les uns font la partie d'échecs, d'autres causent et regardent ces derniers.

Dans une pièce voisine, un autre personnage cause avec une dame.

Toile : H. 0m60; L. 0m90.

VOS (DE)

44 — Pendant l'Entre-Acte, Chien et Singe du saltimbanque.

Bois : H. $0^{m}17$; L. $0^{m}24$.

VOS (DE), 1862

45 — Chienne et ses Petits.

Deux pendants.

Bois : H. $0^{m}23$; L. $0^{m}30$.

WILLEMS (L.)

46 — Deux Dames dans un salon.

Bois : H. $0^{m}21$; L. $0^{m}29$.

AQUARELLES, DESSINS, PASTELS

BOMBLED (CH.)

47 — L'Hallali.

Belle aquarelle pour feuille d'éventail.

BOMBLED (CH.)

48 — Récréation dans le parc.

Feuille d'éventail à l'aquarelle.

BOSBOOM

49 — Intérieur de Cathédrale.

Belle aquarelle.

H. 0^m38; L. 0^m30.

CATS

50 — Marché d'hiver dans les fossés d'une ville fortifiée.

Belle aquarelle.

H. 0^m27; L. 0^m35.

CATS

51 — Divertissements d'hiver.

Patineurs et traîneau sur une rivière glacée de Hollande.

Aquarelle.

H. 0^m24; L. 0^m31.

CATS

52 — Paysage d'hiver, rivière glacée et patineurs.

Aquarelle.

H. 0^m18; L. 0^m26.

CHAPLIN (Ch.)

53 — Jeune Femme à sa toilette.

Aquarelle.

H. 0^m27; L. 0^m16.

COROT

54 — La Bûcheronne.

Petit dessin sur papier bleuté.

H. 0m 17; L. 0m 11.

CRŒYVANGER (R.), 1844

55 — Épisode de la guerre de l'Indépendance des Pays-Bas.

Importante aquarelle.

H. 0m 29; L. 0m 44.

ÉCOLE MODERNE

56 — Pastel ovale : Jeune Fille derrière un rideau.

ÉCOLE FRANÇAISE

57 — Jeune Femme en buste.

Pastel.

ÉCOLE HOLLANDAISE

58 — Halte de Cavaliers à la porte d'une auberge.
Le Maréchal-Ferrant.

Deux aquarelles, formant pendants.

FOUSSEREAU

59 — Officier des guides de la Garde Impériale.

Dessin à la plume et à l'aquarelle.

GEMPT

60 — Chiens et Chats.

Dessin.

HENDRIK MEYER

61 — Cour de maison l'hiver.

Petite aquarelle gouachée.

H. 0m15; L. 0m13.

HUET (1788)

62 — Étude de quatre têtes : Jeunes Filles et Enfants.

Dessin à la plume et à la sépia.

JAGT (VAN DER), d'après WEENIX

63 — Nature morte : Lièvre, Perdrix et petits Oiseaux au pied d'un arbre.

H. 0m43; L. 0m35.

KATE (HERMAN TEN), 1853

64 — Réunion dans un Salon sous Louis XV.

Une société de dix-huit dames et gentilshommes jouent où conversent dans un riche salon Louis XV. Très belle aquarelle.

H. 0m26; L. 0m43.

KATE (Herman ten), 1845

65 — Musico hollandais.

Nombreuse réunion dans une grande salle, trois couples de danseurs occupent le milieu ; à gauche des musiciens près d'une fenêtre, à droite un gentilhomme et une dame causent assis ; au fond, des convives sont attablés.

Très importante aquarelle.

H. 0m35 ; L. 0m47.

KŒKKŒK (B. C.), 1830

66 — Kermesse flamande.

Dessin à la plume et sépia, comprenant une multitude de figures.

H. 0m23 ; L. 0m32.

KEISER (Nicaise), 1849

67 — La Mort d'Elisabeth reine d'Angleterre (?).

Très belle aquarelle.

H. 0m35 ; L. 0m42.

LANGENDYK (1805)

68 — L'Attaque d'une Malle-Poste dans une forêt, l'hiver.

Dessin très fin à la plume et à l'encre de Chine.

H. 0m25 ; L. 0m34.

LANGENDYK

66 — Combat dans une grange de ferme. Au centre un Général est passé au fil de l'épée.

Dessin à l'encre de Chine.

H. 0^{m}15; L. 0^{m}21.

LANGENDYK

70 — Soldats en embuscade.

Dessin à la plume et à l'encre de Chine.

H. 0^{m}17; L. 0^{m}25.

LANGENDYK

71 — Bataille sur les bords d'une rivière.

Dessin à la plume et à l'encre de Chine.

H. 0^{m}16; L. 0^{m}21.

L. B.

72 — La Fête au Château.

Feuille d'éventail.

MADOU (1837)

73 — Le Cabaret.

Six buveurs, quatre paysans, trois soldats, occupent l'intérieur d'un cabaret. La femme de l'un d'eux vient le quereller et l'invite à sortir; celui-ci, ivrogne tranquillement assis, l'écoute sans s'émouvoir devant les risées de ses compagnons.

Importante sépia.

H. 0^{m}29; L. 0^{m}42.

NUMAN (D'après LE CARAVAGE)

74 — La Mort d'Adonis.

OSTADE (Attribué à ADRIEN VAN)

75 — Fête de Village.

Dessin à la plume et à l'encre de Chine.

H. 0m18; L. 0m22.

OSTADE (D'après)

76 — Couple de Buveurs.

Aquarelle.

H. 0m21; L. 0m19.

ROCHUSSEN (CH.)

77 — Batterie d'artillerie à cheval à l'exercice.

H. 0m23; L. 0m36.

SCHELFHOUT (A.)

78 — Vue d'un Hameau l'hiver.

H. 0m24; L. 0m35.

SCHOTEL (J.-C.)

79 – Episode du siège d'une ville hollandaise.

Au premier plan, sur le bord d'une rivière, une batterie d'artillerie bombarde la ville bâtie sur la rive opposée.

Importante aquarelle.

H. 0m40; L. 0m55.

SCHOUTEN (H.-P.)

80 — Vue d'une Ville hollandaise, plusieurs figures animent la place de la cathédrale.

Aquarelle d'une grande finesse d'exécution.

H. 0m37; L. 0m43.

SWEBACH

81 — Bataille, prise d'un Château.

Dessin plume et encre de Chine.

H. 0m19; L. 0m24.

WOUWERMAN (Attribué à Ph.)

82 — Le Trompette.

Dessin à la plume et à l'encre de Chine.

H. 0m19; L. 0m28.

WOUWERMAN (Attribué à

83 — Cavaliers.

Dessin à la plume.

TABLEAUX ANCIENS

BIBBIÉNA

84 — Jésus chassant les Vendeurs du Temple.

Toile : H. 0^m98 ; L. 1^m30.

BOEYERMANS (Théodore)

85 — Portrait d'homme.

Vu de face, les cheveux longs, la moustache fine, il est vêtu de noir, sa main droite étendue retient un pli de son manteau.

Collection Galitzin.

Toile : H. 0^m85 ; L. 0^m72.

CANALETTO (Attribué à)

86 — La Piazzetta à Venise.

Nombreuse figures et gondoles.

Cadre ancien en bois sculpté.

Toile: H. 0^m61 ; L. 0^m89.

CRAESBECK

87 — Quatre Femmes.

Bois : H. 0^m11 ; L. 0^m15.

ELZHEIMER

88 — Le Christ sur les eaux.

ÉCOLE FRANÇAISE DU XVIIIe SIÈCLE

89 — Femme en buste.

De face, chevelure poudrée, corsage et manteau brodés.

Toile : H. 0^{m}61 ; L. 0^{m}51.

ÉCOLE FRANÇAISE

90 — Portrait de Femme en riche costume de soie avec broderies.

Bois : H. 1^{m}08; L. 0^{m}94.

ÉCOLE FRANÇAISE

91 — Portrait de Femme en robe jaune, tenant une houlette et caressant un carlin.

Toile : H. 1^{m}20; L. 0^{m}94.

ÉCOLE HOLLANDAISE

92 — Prunes et raisins.

Toile : H. 0^{m}51 ; L. 0^{m}64.

ÉCOLE HOLLANDAISE DU XVIIe SIÈCLE

93 — Portraits de quatre Personnages d'une corporation d'arquebusiers.

Toile : H. 0^{m}90; L. 1^{m}08.

ÉCOLE HOLLANDAISE DU XVIIe SIÈCLE

94 — Portrait de Jeune Homme.

A mi-corps, assis devant une table et tenant des livres.

Beau cadre Louis XIV, en bois sculpté.

Toile : H. 0^m77 ; L. 0^m60.

HEEM (C. de)

95 — Raisins, Pêches, Citron, Noix, Pâté et Vidrecome, posés sur une table recouverte d'un tapis.

Toile : H. 0^m56 ; L. 0^m72.

HEEM (C. de)

96 — Fruits sur un plat de Delft et orfèvrerie.

Toile : H. 0^m53 ; L. 0^m70.

LAGRENÉE (Attribué à)

97 — Portrait de Dame.

A mi-corps, en tunique blanche et manteau bleu, elle joue de la lire, son instrument posé sur une balustrade, fond de verdure.

Toile : H. 0^m91 ; L. 0^m74.

LEDOUX (Mlle)

98 — Jeune Fille en buste.

Toile : H. 0^m41 ; L. 0^m33.

OMMEGANCK (1785)

99 — Bestiaux au bord d'une rivière.

Bois : H. 0^m24 ; L. 0^m35.

PALAMÈDES STEWERS

100 — Réunion de Joueurs et de Fumeurs.

Cinq figures.

Bois : H. 0m 54; L. 0m 60

ROOS DE TIVOLI

101 — Chèvres.

Toile : H. 0m 69; L. 0m 82.

SAFTLEVEN (H.)

102 — Paysage coupé par une rivière.

Habitation à gauche; Moulin à droite; barque et bestiaux.

Bois : H. 0m 43; L. 0m 86.

STEEN (D'après)

103 — La Partie d'échecs.

Bois : H. 0m 59; L. 0m 43.

TOURNIÈRES (Attribué à)

104 — Portrait de Louise-Françoise de Bourbon dite Mademoiselle de Nantes, fille naturelle et légitime de Louis XIV et Mme de Montespan.

Représentée en buste, corsage rose brodé, une draperie bleue rejetée en arrière, elle porte un bouquet de à son corsage.

Cadre Louis XIV, en chêne sculpté.

Toile : H. 0m 80; L. 0m 65.

TOURNIÈRES (Attribué à)

105 — Portrait de Dame.

A mi-corps, en robe de satin blanc, brodée d'or, avec draperie rouge rejetée en arrière, elle tient un éventail et est accoudée sur un coussin vert.

Toile : H. 0m91 ; L. 0m73.

VRIES (R. DE).

106 — Paysage boisé.

A gauche, un monticule sablonneux surmonté d'habitations sous les arbres.

Toile : H. 0m52 ; L. 0m70.

VERDUSSEN

107 — Bestiaux au repos.

Bois : H. 0m17 ; L. 0m21.

WATTEAU (D'après)

103 — Jeune Homme et Jeune Femme.

Cadre ancien en bois sculpté.

Toile : H. 0m40 L. 0m32.

109 — Tableaux non catalogués.

GRAVURES

110 — Environ vingt-cinq Pièces encadrées, Gravures et Photographies.

AMEUBLEMENT

MEUBLES ANCIENS

111 — Bureau à cylindre du temps de Louis XVI, en marqueterie de bois de rose avec dessus de marbre, entouré d'une galerie de cuivre.

112 — Table Louis XV forme rognon, en marqueterie de bois à fleurs, de travail hollandais.

113 — Régulateur hollandais en bois de noyer, marqueté, orné de bronzes et surmonté de trois statuettes de bois doré. Le cadran au nom de *Jan Storn, à Amsterdam,* marque les quantièmes et les phases de la lune.

114 — Pendule Louis XIV, grand modèle et son socle de suspension en marqueterie de cuivre et d'écaille ornée d'appliques et de mascarons, en bronze doré.

115 — Petite Table-Bureau Louis XVI, surmontée d'un casier, en bois de rose, ornée de bronzes.

116 — Pendule hollandaise forme dite religieuse avec cadran, marquant les quantièmes et les phases de la lune.

117 — Baromètre Louis XVI, en bois doré.

118 — Six Beaux Fauteuils Louis XIV, en bois de noyer, garnis d'ancienne tapisserie au petit point représentant de gracieuses compositions mythologiques sur les dossiers et des fleurs, des animaux et des ornements sur les sièges.

119 — Grande Chaise longue Louis XIV, en deux parties en bois sculpté et doré, garnie de velours rouge frappé.

120 — Fauteuil portugais en cuir gaufré.

121-122 — Deux Glaces avec Cadres Louis XIV, en bois sculpté et doré.

123 — Table à ouvrage Louis XVI, en acajou.

124 — Guéridon Louis XVI, en acajou.

125 — Commode Louis XVI, en acajou.

126-127 — Deux Couchettes Louis XVI, en bois peint.

128 — Deux Chaises Directoire, en bois peint.

129 — Grand Canapé à joues du temps de Louis XIV, en bois doré, garni de velours rouge frappé.

130 — Bureau Louis XVI à cylindre, en bois d'acajou.

131 — Deux Petits Chenets Louis XVI à boules.

MEUBLES DE GRANDS & PETITS SALONS

132 — Bel Ameublement de style Louis XV, en bois sculpté, laqué à deux tons et recouvert de brocatelle à fond rose.

Il est composé de deux Canapés, deux Bergères, quatre Fauteuils, quatre Chaises garnies, et quatre Chaises légères, plus un Écran.

133 — Table de milieu de même style et de même travail.

134 — Console à dessus de marbre, de même style et de même travail.

135 — Quatre riches garnitures de Rideaux de fenêtres en satin rose, doublés de soie avec lambrequins et passementeries assorties.

136 — Deux Fauteuils. Coussins en brocatelle, ton vieil or.

137 — Bel Ameublement de style Louis XV, en bois sculpté et doré de chez Pecquereau, garni de velours de Gênes marron, ton sur ton, composé d'un Canapé, quatre Fauteuils et quatre Chaises.

138 — Table de salon de style Louis XVI, en bois sculpté et doré.

139 — Ameublement de salon de style Louis XVI, en bois doré, garni de velours de Gênes marron, ton sur ton, composé d'un Canapé, deux Fauteuils et quatre Chaises.

140 — Rideaux de fenêtre et Portières de même étoffe.

141 — Quatre Chaises légères de style Louis XVI, en bois doré, garnies de soie de nuances variées.

142 — Petite Table ovale, genre Louis XVI, en marqueterie, à quadrillage et garnie de bronzes.

143 — Table-Jardinière en érable, de style Louis XV.

144 — Guéridon-Jardinière en bois marqueté.

BILLARD

145 — Billard en bois noir avec ses accessoires.

146 — Banquette de Salle de Billard garnie de tapisserie.

147 — Quatre Fauteuils genre Louis XIII, garnis de moquette à ornements en rouge et vert.

PIANOS

148 — Piano droit en palissandre.

149 — Piano mécanique de Debain, en palissandre.

MEUBLES DE SALLES A MANGER

150 — Ameublement en noyer à moulures d'ornements en bois noir, composé d'un très grand Buffet à deux corps, le haut vitré, un Dressoir, une Table ovale et dix Chaises.

151 — Ameublement de petite Salle à manger, de style Henri II, en bois de noyer mouluré.

Il est composé d'un Buffet dressoir à colonnettes surmontées d'un dais, une Table carrée et douze Chaises garnies de cuir gauffré.

152 — Petite Table genre Henri II.

MEUBLES DE CHAMBRES A COUCHER

153 — Ameublement en noyer ciré, forme Louis XV, composé d'une Couchette, d'une Armoire à glace et d'une Table de nuit.

154 — Deux Chaises de même style.

155 — Ameublement en palissandre, composé d'un Lit d'une Armoire à glace et d'une Table de nuit.

156 — Guéridon en palissandre.

157 — Grande Toilette en bois noir à dessus de marbre blanc et surmontée d'une glace.

158 — Grande Armoire Hollandaise en acajou, surmontée de bustes.

159 — Différents Meubles de chambres à coucher et de cabinets de toilette.

MEUBLES DIVERS

160 — Porte Parapluie, Porte manteau en chêne à fond de glace.

161 — Ecran. Pupitre. en palissandre.

162 — Tables, Sièges. Armoires, Toilettes, Casiers et Meubles divers.

163 — Garnitures de Toilette.

TAPIS

164 — Tapis de la Savonerie à rosaces, bordé de moquette rouge.

Carpettes orientales.

Tapis de Smyrne.

RIDEAUX

Quantité de Rideaux de fenêtres et de portières. en étoffes variées.

LITERIE

BRONZES D'AMEUBLEMENT

165 — Garniture de cheminée de style Louis XV, en bronze doré de chez Paillard et Romain, à motifs rocaille et figures d'enfants, composée d'une Pendule, de deux Candélabres et de deux Chenets.

166 — Lustre en bronze de même style.

167 — Deux Lampes en bronze doré, formées de vases de style Louis XVI.

168 — Petite Pendule de style Louis XVI, en marbre blanc et bronze doré à figures d'amours.

169 — Deux Girandoles à six lumières, genre Louis XVI en bronze doré et cristaux.

170 — Flambeaux en bronze de divers styles.

171 — Deux Chenets genre Louis XIV, en bronze : Chien et chat sur des coussins.

172 — Différentes Garnitures de foyer en bronze et en cuivre.

173 — Suspension de salle à manger en bronze doré.

174 — Suspension de billard avec lampes.

OBJETS VARIÉS

175 — Deux Appliques de forme contournée en faïence italienne décorées de sujets mythologiques et d'encadrements en relief.

176 — Deux Vases en bronze du Japon.

177 — Deux Lampes cylindriques en porcelaine craquelée.

178 — Une Coupe en émail cloisonné du Japon.

179 — Six Assiettes en porcelaine de Sèvres décorées de vues de châteaux

VINS FINS

Environ 2.100 bouteilles de vins fins et de liqueurs:

Porto de 1750, Château-Margaux, Château-Yquem, Sauterne, Bordeaux vieux, Musigny, Grèves, vin du Rhin, etc.

VOIR LA NOTICE SPÉCIALE.

A. MAULDE et Cie, imprimeurs de la Compagnie des Commissaires-Priseurs,
rue de Rivoli, 144 100—1100

www.ingramcontent.com/pod-product-compliance
Ingram Content Group UK Ltd.
Pitfield, Milton Keynes, MK11 3LW, UK
UKHW020521180726
13839UKWH00005B/2229